CONQUISTANDO LAS ALTURAS

EFFERSHON PEREZ

CONQUISTANDO LAS ALTURAS

PRINCIPIOS PARA CONQUISTAR EN LA DIMENSIÓN DE DIOS

Effershon José Pérez Borges
Conquistando Las Alturas

ISBN: 978-980-12-3719-8

Hecho el depósito legal
Reservados todos los derechos
lf25220098001540

Diseño de Cubierta: Eiffer Pérez

Impreso en Venezuela
Printed in Venezuela

Por: Corporación Alphacopy, C.A.
Rif: J-30661236-0
Telf.: (0212) 237.78.17

Contenido

Dedicatoria

Dedico este libro a mi padre celestial por ser mi inspiración y amigo eterno, al Espíritu Santo de Dios el es mi fuerza y motivación para elevarme cada día a nuevas alturas.

Agradecimientos

Pienso que detrás de cada libro hay muchas personas a las cuales le corresponde un reconocimiento y en primer lugar agradezco a mis padres, ya que, fueron las personas escogidas por Dios para ser el canal de vida por el cual llegué a este mundo, su formación fue un factor determinante para mi desarrollo espiritual.

Ami abuela y mi tía por su apoyo y comprensión.

A mis hermanos Eiffer, Normerys y Noryeth, por estar siempre a mi lado apoyándome.

A mi padre espiritual por su orientación, sus enseñanzas y por haber visto en mi lo que para otros no era evidente, gracias Pastor Eusebio Rojas.

Gracias a los Pastores Dusacar Rojas, Isacar Rojas y Eliascar Rojas, Dios nos conecto para ir a las alturas.

Gracias a los Pastores Iván Rivera y Moira Movilio por unir su fe a la mía cuando lo único que tenia era un sueño.

Gracias al grupo ministerial del Centro Cristiano Imperial, una iglesia comprometida con la gran comisión de establecer el Reino de Dios en la tierra.

Pero, por sobre todo, agradezco a mi Señor y Salvador Jesucristo, sin Él este Proyecto no hubiese sido posible, Él me ha enseñado que su intención es llevarnos a Conquistar las Alturas.

Introducción

Conquistando las alturas es un libro que nace de la experiencia de mi caminar con Dios, es un libro lleno de principios claves para llegar a los destinos que Dios ya nos ha preparado y así mismo para poder evidenciar la vida de éxito que Dios quiere que experimentemos. Es además un instrumento de motivación que le impulsa a descubrir el potencial con que Dios le ha diseñado y la visión de la cual la eternidad lo ha marcado. En lo personal he descubierto que Dios tiene la intención de promovernos siempre a otra dimensión y para ello se vale de una serie de estrategias que se transforman en eventos en la vida de las personas y en cada uno de ellos están contenidas las herramientas necesarias para construir el camino que nos conducirán a una vida de éxitos y a la dimensión a la que estamos destinados, pero la pregunta que nos hacemos todos es: ¿Como puedo visualizar las herramientas?.

La realidad es que vivimos en un mundo de cambios, un sistema en donde el crecimiento poblacional, tecnológico, entre otros, es inminente, un mundo donde cada día se experimentan cambios bruscos en todas las índoles y esto han afectado de alguna manera los valores en general, y pareciera complicado tener que entender que en medio de tantos cambios Dios haya tenido una inspiración en su corazón y la haya impartido al nuestro, es decir, que Dios haya planeado un propósito en su mente para que tu lo lleves a cabo en la tierra, más cuesta pensar que en las decisiones de Dios este la intención de convertir nuestras vidas llenas de limitaciones impuestas por este sistema mundial, en una vida efectiva y de éxito. Realmente este es el motivo del libro, que usted pueda descubrir en si mismo un pedazo de ese Dios poderoso, que ha puesto su eternidad dentro de usted;

"Eclesiastés 3:11 Todo lo hizo hermoso en su tiempo; y ha puesto eternidad en el corazón de ellos, sin que alcance el hombre a entender la obra que ha hecho Dios desde el principio hasta el fin".

Y que usted pueda conocer que ese Dios es capaz de hacer lo que tenga que hacer en medio de cualquier situación para cambiar el rumbo de nuestras vidas y direccionarlo hacia las alturas;

"Isaías 52:13 He aquí que mi siervo será prosperado, será engrandecido y exaltado, y será puesto muy en alto".

Otra de las intenciones de esta edición es que usted querido lector pueda descubrir su identidad, que usted es una hechura de Dios muy parecido muy cercano a él mismo;

"Génesis 1:26 Entonces dijo Dios: Hagamos al hombre a nuestra imagen, conforme a nuestra semejanza."

Y que descubra dentro de si mismo que hay una inspiración de Dios, es decir, un propósito por el cual Dios le ha establecido en la tierra y que para ello le ha equipado con el potencial necesario para llevar a cabo ese propósito, por ultimo que aumente su capacidad para determinar su destino.

Todo esto implica que recibirá un ADN que lo convertirá en alguien lo suficientemente efectivo, y dispuesto siempre a elevarse a nuevas alturas, Dios tiene la intención de formar en usted un conquistador en lugares y etapas donde otros se rinden, Un vencedor donde otros fracasan y poder avanzar donde otros se detienen. Sin que me quede nada por dentro, estoy convencido de que en usted hay mucho más de lo que usted mismo se imagina. Dios lo ha dotado de capacidades que aún no han sido descubiertas, usted nació para tener éxito en todo lo que emprenda, para dejar una huella en la historia. Esto implica que el conocimiento de su identidad, "Quien es usted" cambia la atmósfera, ya que, conociendo quien es usted le permitirá determinar a dónde va a llegar. Lo importante de todo esto es que usted no va solo por que Él que le hizo a su imagen y semejanza piensa bien de usted y quiere verlo en las alturas;

> *"3Juan 1:2 Amado, yo deseo que tú seas prosperado en todas las cosas, y que tengas salud, así como prospera tu alma".*

Durante la lectura de este libro usted pasará a otra dimensión, yo le sugiero que este preparado para lo que viene y permítanme comenzar a desarrollar esta herramienta con una anécdota interesante acerca de la historia de un Alpinista y su Maestro.

En una oportunidad un Alpinista guiado por su maestro se disponía a escalar uno de los picos más altos del mundo, escalar este lugar y conquistar dicha altura era materializar un gran sueño para este alpinista por lo que seguía muy de cerca las instrucciones de su maestro, al comenzar su escalada y remontar una altura considerable, mientras más se acercaba a la cima de aquel Pico más escuchaba por radio la voz de su tutor que le decía con voz alentadora que cuando llegara al limite del pico se arrodillara por que la brisa era tan fuerte en aquella altura que todo el que lograba conquistar ese lugar y se ponía de pie era derribado por el fuerte viento que allí soplaba, el maestro no cesaba en repetir en varias ocasiones una frase que se hizo notoria en aquel Alpinista "de rodillas, de rodillas cuando conquiste la altura, de rodillas". Así fue que el Alpinista conquisto la altura de ese pico sin ser derribado, al llegar a los más alto llegó de rodillas, marcó una pauta en la historia y sirvió de guía para otros Alpinistas que pudieron conquistar también esta altura, de esta anécdota se desprende que la clave para conquistar las alturas es permanecer de rodillas ante el Padre y Creador del universo, rindiéndose ante El Alto y Sublime que habita en la eternidad y en las alturas, el Dios que todo lo puede.

Mi recomendación es que ajuste su cinturón de seguridad, prepárese por que otra dimensión le espera, Algo va a suceder.

Pastor Effershon Pérez

Capitulo I

CONOCER TU IDENTIDAD

Desde muy temprana edad comencé a desarrollar mi vida en el ámbito deportivo, de hecho estuve cerca de ser jugador de Baseball en las grandes ligas, pero de pronto la vida me cambió drásticamente, un evento repentino transformó lo que vislumbraba ser lo mas conveniente para mi, una lesión en mi hombro cambió la dirección y los planes que había trazado para mi vida, este evento parecía ser el fin de mi sueño, pero de pronto ese evento de la lesión recibió como un cierto empuje por otro evento, fue como algo que estaba prefijado en el tiempo, o más profundo aun es como que si Dios usara un evento en nuestras vidas para empujar a otro evento aislado, lo que estoy tratando de decir es que el evento de mi lesión fue un evento aislado, sencillamente por que era el trampolín para Dios llevarme al próximo evento que era buscar la verdad de Dios. La búsqueda de Dios dio respuesta a muchas interrogantes de mi vida y una de las más determinantes fue darme cuenta que Dios era más grande de lo que yo podía haber imaginado, las pautas del nuevo evento que venia a mi vida seguido de la lesión, estaba impregnado de la presencia de Dios, realmente yo estaba entrando en otra Dimensión, la dimensión de Dios, una dimensión que esta allí, pero que es conocida solo cuando dispones en tu corazón entender y a humillarte en la presencia maravillosa de Dios;

Daniel 10:12 Entonces me dijo: Daniel, no temas; porque desde el primer día que dispusiste tu corazón a entender y a humillarte en la presencia de tu Dios, fueron oídas tus palabras; y a causa de tus palabras yo he venido.

En ese instante pude conocer que un evento mayor estaba sucediendo, y estaba aplastando el evento de mi lesión, y realmente querido lector, quiero que detenga la lectura en esta parte del libro y analice algo, usted se estará preguntando ¿acaso lo que pueda pasar en mi vida pueda ser un evento aislado que Dios utiliza para llevarme a lo que Dios se ha trazado conmigo? Pues le confieso que si, Dios utiliza eventos para llevar a las personas a otra dimensión o lo que es igual para llevarlos a los destinos que Él se traza con cada una de las personas, *¡Un evento empuja a otro evento!* Pareciera a mi entender de que esto fuese una regla divina de Dios para trabajar con sus hijos, y en esa dimensión usted comienza a experimentar un desarrollo de su mente donde comprende que los planes de Dios con el hombre son más grande de lo que podemos imaginar, en mi caso particular comencé a entender que Dios tenia otros planes conmigo, algo mejor que ser un integrante de un Equipo de Grandes Ligas, Dios me elevó a una nueva relación con Él y a un propósito de vida diferente, cuyo destino era conquistar una dimensión diferente a la que estaba y al mismo tiempo remontarme a una altura diferente, de allí que la inspiración divina de Dios despertó en mi el deseo de emprender la escritura de este libro para que usted tenga una herramienta en sus manos que le diga a su alma que lo más importante en su vida es lo que Dios tiene preparado para usted. Yo no sé realmente cual sea el propósito por el cual usted esta en la tierra, pero de lo que estoy seguro es que usted tiene un llamado a Conquistar las Alturas, usted esta llamado a tener éxito en la vida, Su llamado es ser una persona completamente bendecida, Sin embargo el problema de la mayoría de las personas está en que no conocen el propósito por el cual vive, no conocen la intención de Dios, y esto ocasiona en la mayoría de los casos un desconocimiento total y absoluto de su IDENTIDAD según Dios. Un ejemplo claro es que cuando usted no sabe el propósito de algo, usted se torna una persona peligrosa; si usted tiene un cuchillo y no sabe que el propósito de su existencia es para cocinar, usted puede usarlo en otra cosa, como para apuñalar a alguien. Si usted no sabe el propósito de ser un buen Esposo, usted es un hombre peligroso en su hogar, Si usted mujer no conoce el propósito de su creación, usted es peligrosa porque no sabe para qué existe. Las cosas se tornan peligrosas cuando no sabemos el propósito para lo cual fueron creadas, el propósito tiene que ver con la identidad de la persona, ¿Que es la identidad? Identidad es saber quien soy, de donde soy, qué puedo hacer y a donde voy, cuando conoces tu identidad, activas la capacidad dada por Dios para determinar a donde vas a llegar.

Jesús le preguntó a los discípulos;

> *Lucas 9:19-20 ¿Quién dice la gente que soy yo? Ellos respondieron, unos Juan, otros Elías y otros que algún profeta, ¿Y vosotros quien decís que soy? Entonces respondiendo pedro, dijo: el Cristo de Dios.*

Jesús hace una pregunta clara y directa ¿Quién dicen que soy?. Habló de identidad y en otros muchos pasajes dejó claro la importancia de la identidad, necesitamos una revelación de quienes somos para poder descubrir que dentro de nosotros hay una decisión de Dios, hay un propósito claro y definido que debemos ejecutar aquí en la tierra. ¿Qué dicen las Sagradas Escritura quién soy? La biblia dice: que eres hijo de Dios y esta concepción nos obliga o nos reta a cambiar nuestro comportamiento y nuestra actitud, nos lleva a aprender a ser buenos hijos, de allí que identidad implica cambios, ajustes, y siempre que hay cambios con ellos hay resultados diferentes, por ende el conocimiento de nuestra Identidad atrae el éxito, todo lo que usted pueda hacer diferente en la vida, y esto tiene que ver con cambios y ajustes, traerá a su vida cosas diferentes, Jesús hizo cosas diferentes, a pesar de que Él sabia quien era Él, necesito una revelación de quien era, en el Jordan cuando Juan el Bautista lo bautizaba recibió una voz del cielo que dijo "Este es mi Hijo amado en quien tengo complacencia";

"Mateo 3:17 Y hubo una voz de los cielos, que decía: Este es mi Hijo amado, en quien tengo complacencia".

Dice la escritura que después de esto lo cielos se abrieron, conocer tu identidad te abre los cielos, por que tu mente comienza a cambiar, tus decisiones comienzan a ser diferentes por que tu pensamiento se alinea al pensamiento de Dios.

Volvamos a *Lucas 9:19-20 ¿Quién dice la gente que soy yo?* Jesús lo que estaba haciendo era tratar de revelar a los discípulos su Identidad, quienes eran, no tanto quien Él era, él ya lo sabía, sino más bien quienes eran ellos, estaban caminando con Él Señor. Querido lector quiero que entienda esto y piense por un momento, estos hombres eran los discípulos del hijo de Dios, lo que el señor pretendía hacerle entender era que ya no eran los hombres comunes y ordinarios, ya no eran las mismas personas sin esperanzas y sueños de Israel, Jesús quería cambiar la actitud de ellos, quería influir en el rumbo de la vida de cada uno de ellos, su comportamiento ante las vicisitudes de la vida, la pregunta que el Señor les hace reflejó en cada uno la intención de Dios de sacarlos de la mentalidad errada de perdedores y ordinarios, para posicionarlos en el podio de los ganadores y sobrenaturales extraordinarios, no sé si esto le habla algo a su vida, pero usted no esta diseñado para cualquier cosa en el planeta, cuando descubres quién eres, cuando conoces tu identidad la atmósfera, tu entorno y tu vida misma cambia.

Particularmente he comprobado que el principio clave para ser exitoso en la vida, esta relacionado con la Identidad, las personas en el mundo entero se preguntan *¿Quién soy?*, aunque no lo expresen millones de personas se gastan gran parte de su dinero tratando de conocer su identidad, en esa búsqueda visitan psicólogos, van a los que leen las cartas, visitan a los brujos, se pasan gran parte de su tiempo haciendo intentos fallidos por responderse esta pregunta, y eso hace que las personas comiencen a dudar de sí mismos, Jesús es la respuesta a esa interrogante, Él respondió a los discípulos, ninguno tenia identidad, eran personas normales y corrientes, pero cuando llegó Jesús descubrieron su identidad, el rumbo les cambió, fueron libres en su mente, ya nadie les decía lo que debían pensar, ya que, comenzaron a descubrir que habían sueños y propósitos por los cuales se debía luchar. Es extraordinario cuando experimentamos el poder de la Identidad, existen muchas teorías que señalan el origen del hombre, pero cuando usted se alinea a Jesús encuentra que su verdadero origen viene de Dios, Él nos hizo, a su imagen y semejanza.

Génesis 1:26-27-28 Entonces dijo Dios: Hagamos al hombre a nuestra imagen, conforme a nuestra semejanza; y señoree en los peces del mar, en las aves de los cielos, en las bestias, en toda la tierra, y en todo animal que se arrastra sobre la tierra. 27 Y creó Dios al hombre a su imagen, a imagen de Dios lo creó; varón y hembra los creó. Y los bendijo Dios, y les dijo: Fructificad y multiplicaos; llenad la tierra, y sojuzgadla, y señoread en los peces del mar, en las aves de los cielos, y en todas las bestias que se mueven sobre la tierra.

Quiere decir que Dios te hizo como Él y te dio la potestad de ser participe de su naturaleza divina, esto quiere decir que si el habita en las alturas tu tienes las capacidades necesarias para habitar en las alturas, además de crearnos nos bendijo, es como cuando un padre terrenal bendice a un hijo en esa bendición está la intención y el deseo de que a su hijo le vaya bien en todo lo que emprenda, así mismo, hizo Dios nos bendijo para que nos vaya bien en todo lo que emprendamos, de que tengamos salud y no enfermedad, de que seamos libres y no estemos cautivo a ningún vicio o atadura, de que seamos prósperos y no esclavos de la pobreza que nos multipliquemos con nuestros talentos, en pocas palabras que tengamos éxito, por ultimo nos delego la función de ser señor sobre todas las cosas, esto quiere decir ejercer dominio sobre lo que en el mundo existe;

> *Romanos 12:2 dice: No os conforméis a este siglo, sino transformaos por medio de la renovación de vuestro entendimiento, para que comprobéis cuál sea la buena voluntad de Dios, agradable y perfecta.*

Dios te creo con el fin de que vayas siempre mas allá de lo promedio, pero conformándote a lo que esta a tu alrededor difícilmente podrás visualizar esa intención de Dios sobre tu vida, por eso el escritor dice en el libro de Romanos que para comprobar la voluntad de Dios de que seas exitoso debes ser transformado en tu ser y la única vía para lograrlo es cambiando tu manera de pensar, tu actitud, debes reconocer tu identidad y el origen de la misma, Dios te quiere ver como lo que Él formo un conquistador de las alturas.

La Escritura dice que somos hijos de Dios, y como buen padre Él tiene una herencia para ti. Herencia es algo que alguien más te deja, por un medio legal pasas a ser el dueño de ello, te mueres y en tu testamento dices a quien heredas, alguien tenia que morir para que legalmente la herencia pasara a tu poder, mientras estaba en manos equivocadas, por eso Dios se hizo carne y vino a morir por tu beneficio y el mío, Jesús murió para darnos a nosotros el poder de la herencia. Toda la bendición puesta en el Hijo, todo aquello de lo cual el Hijo era dueño decide darlo en herencia a través de su muerte. Pero Dios es un estratega y nunca pierde, le hizo una jugada genial al poder satánico por que Jesús muere una vez que pasa a nosotros la herencia lo resucita de entre los muertos, te entregan la herencia y aunque resucite legalmente nadie puede protestarlo, así que, Jesús está vivo entre nosotros y con nosotros;

1 Pedro 3:9 No devolviendo mal por mal, ni maldición por maldición, sino por el contrario, bendiciendo, sabiendo que fuisteis llamados para que heredaseis bendición".

Yo no sé si su llamado es ser profeta, evangelista, apóstol, maestro, pastor, pero sé que tiene un llamado a ser lleno de bendición. Su llamado es a ser una persona completamente bendecida. La gente quiere distinguir la efectividad o el llamado de una persona por cómo predica, cómo ministra, la unción que tiene o los milagros que hace, pero reconocemos que una persona está en siendo efectivo y en su llamado por la bendición que tiene en su vida, Repita este texto; "Hablaré palabras de vida y no de muerte; de bendición y no de maldición, por que Conozco mi Identidad, y se que soy una persona bendecida, Amén".

Capitulo II

LA INTIMIDAD CON DIOS

Una de las cosas que hay que identificar bien para conquistar en la dimensión de Dios, es que debemos conocerlo bien a Él, quien gobierna y rige todas las cosas en dicha dimensión, si nos vamos al plano natural, para usted conocer bien a alguien debe estar mucho tiempo a solas con ese alguien y allí es donde quiero llegar, quiero significar la importancia de una búsqueda apasionada para conocer a Dios, la pasión es un sentimiento similar al hambre cuando tu lo sacias parece volver con la misma fuerza, no hay nada mejor que la intimidad para alimentar la pasión, es como una pareja de recién casados lo que mas quieren es pasar ratos a solas, así mismo, todo el que esta dispuesto a conquistar una altura diferente debe tener intimidad absoluta con el Dios que gobierna las alturas; ¿Para qué debo conocer íntimamente a Dios? Mientras más apasionado soy en conocer a Dios, es decir mientras más experimento intimidad con Dios, mas frutos sobrenaturales voy a producir y esto produce a su vez autoridad, seguridad; ¿Por qué? Por que en esa cercanía intima conocerás al Espíritu Santo de Dios; Particularmente he comprobado que la intimidad con Dios te une a su propósito, visión, y pasión, y si usted le pregunta a Dios cual es su propósito, visión y pasión. Él le va a responder establecer mi Reino en la tierra;

"Mateo. 6:10 Venga tu reino. Hágase tu voluntad, como en el cielo, así también en la tierra".

En el Reino de Dios hay tesoros, hay justicia, paz y gozo;

"Romanos 14:17 porque el reino de Dios no es comida ni bebida, sino justicia, paz y gozo en el Espíritu Santo.

La palabra es clara en el Reino hay justicia, paz y gozo esto esta relacionado en gran parte con equidad, provisión y finanzas, y el segundo texto dice que el reino hay poder esto esta relacionado con la conquista, con el progreso y con éxito, la intención de Dios es que usted querido lector viva en la tierra con ese Reino que no tiene espacio físico, ni oficinas pero que es real y el mismo Dios lo rige desde los cielos; Cuando usted tiene intimidad con Dios usted da lugar para que ese gobierno celestial tome el control absoluto de su vida y descubra los tesoros escondidos que el señor tiene para usted.

En una oportunidad me encontraba a solas en mi cuarto con el Espíritu Santo de Dios, estaba leyendo el sueño me estaba venciendo pero quería terminar la lectura y de repente escuche la voz del Espíritu Santo que me dijo el Reino de Dios tiene un precio, mientras otros duermen y tu buscas encontrarás tesoros escondidos, desde ese momento pude entender que uno de los precios para usted poder atraer a su vida lo que hay en ese Reino es desarrollar una vida intima y apasionada con Dios, y la razón es que cada tesoro que usted reciba en el Reino son llaves que abren puertas y lo encaminan a usted a ser una persona victoriosa y de éxito, en otras palabras, mientras más cerca estoy del Reino de Dios mejor me ira en todo lo que emprenda, mientras más alejado estoy del Reino de Dios no hay garantía de que haya triunfo, por ende debemos tener esa comunión con Dios, y comunión es pensar, hablar y actuar como con Él, es decir, unirse en el mismo propósito y la misma visión .

Quiero enseñarles algo interesante, Jesús dijo en:

Juan 15:7 Si permanecéis en mí, y mis palabras permanecen en vosotros, pedid todo lo que queréis, y os será hecho".

Lo que el señor esta diciendo es que cuando permaneces en lo que amas vas a ser eficaz. La Pasión es la que te lleva a permanecer en Dios y esa permanencia va a traer a tu vida lo que estas deseando, Jesús dijo: "Si eres apasionado y permaneces en mi tendrás éxito en todo lo que emprendas, tendrás todo lo que quieres...Cuantas bendiciones tengas en la vida depende de la vida de pasión que usted tenga.

La pasión hacia Dios trae frutos, y Dios esta más interesado que tu y que yo que demos frutos mas que cualquier otra cosa;

> *"Juan 15: 8 En esto es glorificado mi Padre, en que llevéis mucho fruto, y seáis así mis discípulos".*

No puedes ser discípulo del Señor si no das fruto. Lo que te ayudará a dar fruto es su presencia, su palabra, por eso ella debe estar dentro de ti, y el fruto esta ligado a la vida de éxito que tu experimentes, de allí que estoy seguro que usted nació con un componente en su vida para dar fruto pero el complemento o el ingrediente principal es la presencia de Dios.

Ser apasionado te remonta en las alturas, un ejemplo de ello es David, su pasión hacia Dios lo llevó a lugares donde nunca ningún Mortal ha podido llegar, no existe hombre alguno que haya experimentado una vida de conquista como David,

Sus salmos son una muestra de su pasión hacia Dios, su pasión lo llevó al futuro, sin conocer a Jesús el Espíritu le dio a conocer de Jesús, lo que iba a significar Jesús para la humanidad, la pasión te transforma, te da a conocer tu futuro, sea un apasionado de las cosas de Dios.

En una oportunidad tuve un sueño donde alguien me hablaba de un papagayo o una cometa, no ví el rostro del que hablaba, pero estoy seguro de que era el Espíritu Santo, por que cuando el habla transforma, Él me dijo en el sueño cuando tu haces una cometa lo haces con la intención de remontarlo a nuevas alturas pero uno mal elaborado no lo puedes remontar, ya que, te hace remolinetes y hay que bajarlo y hacerle arreglos en su estructura, así somos nosotros en las manos de Dios, mientras mejor sea su hechura, más alto se remontará. Usted es como un papagayo o una cometa y el que te hizo es el Dios que todo lo puede Él va hacer a través del Espíritu Santo que usted se remonte a las alturas sin dar remolinos, sin retroceder, vas a llegar a lugares que jamás has imaginado, solo déjese remontar sea apasionado con Dios.

<u>La intimidad con Dios destruye tu pasado</u>

Cuando usted mantiene intimidad con Dios usted destruye su pasado, y el pasado es uno de los obstáculos de las personas que se proponen conquistar, *"Isa 43:18 No os acordéis de las cosas pasadas, ni traigáis a memoria las cosas antiguas"*.

No puedes construir tu futuro desde el pasado, de hecho nadie puede regresar al pasado, no puedes planear viendo el pasado, se planea es visualizando el futuro, la intimidad con Dios te da la herramienta para destruir ese pasado que no te deja avanzar, la intimidad con Dios ciñe tu vida de esperanza, ya que, es la certera convicción de que algo va a suceder de parte de Dios en tu vida;

> *"Jer 29:11 Porque yo sé los pensamientos que tengo acerca de vosotros, dice Jehová, pensamientos de paz, y no de mal, para daros el fin que esperáis"*.

Dios se ha trazado darte un futuro con esperanza y solo conociéndole bien de cerca podrás descubrirlo, hay personas que se preguntan día a día, ¿Cuál será mi destino con Dios? Pasan años haciéndose la misma pregunta, pero a la hora de buscar el record de cuanto tiempo pasan en la presencia de Dios, he allí la respuesta.

La intimidad con Dios te desconecta emocionalmente de tu entorno

Cuando usted mantiene intimidad con Dios usted se desconecta emocionalmente de su entorno. Una de las cosas que debe hacer un conquistador es desconectarse emocionalmente de lo que esta rodeado, su familia, su trabajo, sus amistades, quisiera hacer un alto en esta parte, ya que, puede malinterpretarse este punto no le estoy queriendo decir de que usted va a vivir ahora en esta etapa de la intimidad en otro planeta, usted sigue estando en el planeta tierra pero sus emociones deben estar en sintonía con Dios; su familia, su trabajo, sus amistades siempre van a estar presente alrededor de usted, pero lo que Dios quiere entregarle en determinado tiempo puede perderlo por que su atención para dicho tiempo esta conectada a lo temporal o lo que es igual a su entorno. Hay cosas que son importantes en nuestras vidas, pero muchas veces si no sabemos distinguir la posición de Dios y la de nuestro entorno, nuestras emociones nos pueden jugar una trampa y esto puede causar que te encuentres en la zona en donde los planes y la intención de Dios no están. Dice la escritura que Dios es Celoso, y una de las cosas en las que el Señor hizo más énfasis a Satanás fue en que "Al Señor tu Dios adoraras y a el solo servirás", lo que estoy queriendo decir es que muchas veces nuestras emociones convierten nuestro entorno en pequeños Dioses que poco a poco van apartando al creyente de la presencia divina del Creador. Recuerdo que en una oportunidad perdí el enfoque; a pesar de que tenía una palabra de Dios, a pesar que tenía un sueño y una visión del Creador, por unos meses perdí el rumbo, me aparté de su presencia y eso causó un efecto que trajo a mi vida el dolor de la traición, sufrí una decepción muy fuerte, fue un golpe bajo, algo que no había experimentado antes, fue espantoso ese dolor, pero nunca se me olvidará que después de esto conecté nuevamente mi espíritu con el de Dios, me levanté de aquel dolor, sequé mis lágrimas, retomé el rumbo que Dios tenía para mi, recuperé el enfoque, pero le hice una pregunta al Señor le dije: ¿Por qué permitiste que sufriera este dolor, si sabias lo que iba a causar, por qué no lo detuviste? Y el Espíritu de Dios me respondió y dijo: quería que vivieras en carne propia lo que yo siento cuando sufro el dolor de la traición al ver que dejas a un lado mi presencia por irte a otras cosas sin valor, quiero que sepas que sufro cuando mi gente pierde el rumbo que yo les he fijado, y por último me dijo, quiero que entiendas de esta manera que no hay nada mas importante que mi poderosa presencia; escuche algo amado lector esas otras cosas de las cuales me hablo el Señor son pequeños Dioses que nuestras emociones van haciendo indispensables en nuestras vidas y frenan los planes de Dios en nuestras vidas, recuerdo que cuando me levanté y aprendí mi lección se abrieron puertas poderosas en mi vida y en mi ministerio, lo que quiero enseñarles es que tu entorno es importante por que el contribuye a construir tu destino profético, pero más importante que tu entorno es Dios el Creador del cielo y de la tierra que te conecta a su destino profético. Un ejemplo notorio fue Eliseo, quien estando a punto de pasar a otro nivel de unción, cuando iba a recibir de parte de Dios una doble porción de toda la potencia de unción que había en Elías.

1 Reyes 19:19 Y partió de allí y encontró a Eliseo, hijo de Safat, que estaba arando con doce yuntas de bueyes delante de él, y él estaba con la última. Elías pasó adonde él estaba y le echó su manto encima. 1 Reyes 19:20 Dejando él los bueyes, corrió tras Elías, y dijo: Permíteme besar a mi padre y a mi madre, entonces te seguiré. Y él le dijo: Ve, vuélvete, pues, ¿qué te he hecho yo?

Lo que estoy queriendo decirle es que Eliseo pensó en devolverse a besar a sus padres pudiendo haber perdido la posición que iba a recibir de manos de Dios, sus padres eran parte de su entorno, no iban a dejar de estar en su posición de padres, muchas veces no entendemos los tiempos de Dios por que estamos tan conectados emocionalmente a lo que nos rodea que nos desconectamos con Dios, la renta, la familia, la empresa, nos roban nuestra atención, pero la vida intima con Dios quebranta toda conexión emocional con nuestro entorno y nos conecta a nuestro destino profético, quizás usted ha dejado de emprender ese sueño tan anhelado, esa visión que salta en su corazón por que quiere salir a la realidad, ha debilitado el deseo de poseer la vivienda, el automóvil, y se pregunta ¿por qué no ha sido materializada mi visión en la tierra?, ¿ha pensado en devolverse a lo que lo rodea?; ¿ha pensado en estacionarse a echar un ojo en la familia?; ese es el error amado lector, no puedes cambiar la posición en que esta si no hay una decisión a recibir otra posición, su entorno siempre va a estar, cosas que lo rodean, en usted no esta la potestad de quitarlos del camino, si usted no tiene esa intimidad con Dios puede cometer el error de volverse atrás, puede dejar de echar mano de lo que Dios quiere entregarle, los padres de Eliseo siempre estuvieron a su lado pero él estuvo a punto de perder la doble porción de la unción, al momento de decidir conquistar tu buena salud, tu crecimiento espiritual, tu empresa, tu casa, tu carro etc., emocionalmente debes estar libre sin nada que te detenga, repita estas palabras, "hoy me desconecto emocionalmente de todo lo que me rodea y hecho mano de lo que Dios me está entregando en este tiempo".

Capitulo III

AVANZANDO A LA META SIN ENTENDER A DIOS

En una oportunidad aprendí algo de mi padre espiritual y era referente a la manera como trabaja el Espíritu Santo de Dios con cada una de las personas, él ilustró un ejemplo interesante en donde se hacia mención a dos tipos de caballos domados, existe un tipo de caballo manso y un tipo de caballo mañoso, el caballo manso es aquel ejemplar domado que se deja montar por su amo y se deja es dirigir sin poner resistencia alguna.

Pero el segundo tipo de caballo a pesar de estar también domado trae consigo mañas, es decir, malas costumbres que ocasionan a su amo un arduo trabajo a la hora de dirigirlo hacia el destino que el quiere, quisiera explicarme un poco querido lector, pero pareciera que pasa igual con nuestras vidas, el Espíritu Santo es quien tiene el trabajo de guiarnos a nuestro destino, por lo tanto al igual que el caballo descrito en el ejemplo al momento de dirigirnos puede encontrar dos actitudes distintas en nuestras vidas, puede que seamos mansos o pueda que seamos mañosos, una persona mansa para Dios es aquella que aunque no sabe el rumbo que lleva confía en el que lo dirige, puede ser que el camino sea un poco turbulento pero nunca rechazará la conducción del Espíritu de Dios, cuando el Espíritu Santo es quien dirige nuestras vidas van de triunfo en triunfo, de gloria en gloria, de victoria en victoria, aunque nuestro principio sea un poco amargo dice la escritura que la gloria postrera será mayor que la primera, mientras que una persona mañosa, es una persona que a pesar de que conoce al Dios que lo dirige las costumbres del pasado no le permiten dejarse dirigir por el Espíritu de Dios y por lo tanto nunca llegan a su destino por no entender que en el rumbo a las alturas que Dios nos preparo pueden haber piedras, terrenos duros que debemos atravesar, y por lo tanto su comportamiento es siempre opuesto a la conducción de Dios. Un ejemplo bíblico fue Judas, dice la biblia que Satanás entró en el él para que vendiera a Jesús pero analice algo importante este hombre estaba comiendo y bebiendo con Jesús y a pesar que ya estaba escrito que alguien vendería al Señor no necesariamente debía ser judas, solo que él fue él que estaba mañoso y Satanás lo tomo a él como el ejemplo del caballo, judas estaba más pendiente de la situación política de su pueblo, él quería a un rey que los libertara del yugo romano a la fuerza, pero cuando se da cuenta de que Jesús no cubría sus expectativas no quiso más su conducción, eso era lo que buscaba Satanás alguien que tuviera mañas, malas costumbres que rechazara el destino profético que Dios les estaba brindando.

En la biblia encontramos muchas historias de hombres que fueron mansos y que a pesar de no entender muchas veces lo que Dios estaba haciendo ellos continuaron el camino por el cual atravesaron, para mi uno de los más relevantes, Abraham, dice;

Génesis 22:1 Aconteció después de estas cosas, que probó Dios a Abraham, y le dijo: Abraham. Y él respondió: Heme aquí. Génesis 22:2 Y dijo: Toma ahora tu hijo, tu único, Isaac, a quien amas, y vete a tierra de Moriah, y ofrécelo allí en holocausto sobre uno de los montes que yo te diré. Gen 22:3 Y Abraham se levantó muy de mañana, y enalbardó su asno, y tomó consigo dos siervos suyos, y a Isaac su hijo; y cortó leña para el holocausto, y se levantó, y fue al lugar que Dios le dijo. Génesis 22:4 Al tercer día alzó Abraham sus ojos, y vio el lugar de lejos. Génesis 22:5 Entonces dijo Abraham a sus siervos: Esperad aquí con el asno, y yo y el muchacho iremos hasta allí y adoraremos, y volveremos a vosotros. Génesis 22:6 Y tomó Abraham la leña del holocausto, y la puso sobre Isaac su hijo, y él tomó en su mano el fuego y el cuchillo; y fueron ambos juntos. Génesis 22:7 Entonces habló Isaac a Abraham su padre, y dijo: Padre mío. Y él respondió: Heme aquí, mi hijo. Y él dijo: He aquí el fuego y la leña; mas ¿dónde está el cordero para el holocausto? Génesis 22:8

Y respondió Abraham: Dios se proveerá de cordero para el holocausto, hijo mío. E iban juntos. Génesis 22:9 Y cuando llegaron al lugar que Dios le había dicho, edificó allí Abraham un altar, y compuso la leña, y ató a Isaac su hijo, y lo puso en el altar sobre la leña. Génesis 22:10 Y extendió Abraham su mano y tomó el cuchillo para degollar a su hijo. Génesis 22:11 Entonces el ángel de Jehová le dio voces desde el cielo, y dijo: Abraham, Abraham. Y él respondió: Heme aquí. Génesis 22:12 Y dijo: No extiendas tu mano sobre el muchacho, ni le hagas nada; porque ya conozco que temes a Dios, por cuanto no me rehusaste tu hijo, tu único. Génesis 22:13 Entonces alzó Abraham sus ojos y miró, y he aquí a sus espaldas un carnero trabado en un zarzal por sus cuernos; y fue Abraham y tomó el carnero, y lo ofreció en holocausto en lugar de su hijo. Génesis 22:14 Y llamó Abraham el nombre de aquel lugar, Jehová proveerá. Por tanto se dice hoy: En el monte de Jehová será provisto.

Génesis 22:15 Y llamó el ángel de Jehová a Abraham por segunda vez desde el cielo, Génesis 22:16 y dijo: Por mí mismo he jurado, dice Jehová, que por cuanto has hecho esto, y no me has rehusado tu hijo, tu único hijo; Génesis 22:17 de cierto te bendeciré, y multiplicaré tu descendencia como las estrellas del cielo y como la arena que está a la orilla del mar; y tu descendencia poseerá las puertas de sus enemigos. Génesis 22:18 En tu simiente serán benditas todas las naciones de la tierra, por cuanto obedeciste a mi voz.

Desglosemos esta escritura, no sé si a usted le ha pasado que recibe una orden de Dios y usted obedece pero no entiende la orden, una característica del Dios todopoderoso es que da una orden y no da mucha explicación al respecto, siempre te habla del final pero nunca del proceso que vas a pasar para llegar hasta allá, Abraham en ese momento recibe una poderosa promesa de Dios bajo juramento y en donde estamos nosotros también involucrados, cuando Dios le dice que en la simiente de Abraham serian benditas todas las naciones de la tierra, escuche bien amado lector, dijo todas las naciones, quiere decir que en cualquier lugar en donde se encuentre usted es portador de esta gran promesa, pero lo interesante es que antes de la promesa recibe una orden de Dios, Abraham mucho antes de tener a Isaac Dios le pide abandonar todo lo que tenia, su país, su familia, su nombre y su status y le habla de una tierra pero no le da las especificaciones, una de las cosas que Dios hace en nuestras vidas es desarrollar nuestra fe y para ello se vale de una serie de recursos y éste es el principal, te habla de una promesa pero no del costo, el costo sería parte del desconocimiento de lo que tenemos que pasar para llegar hasta donde Él nos dijo. Ejemplo la promesa de la salvación todos sabemos bien que aceptamos a Cristo como nuestro salvador y seremos salvos pero desconocemos como será el proceso de nuestra transformación para llegar hasta allá, nadie sabe con que se va a enfrentar pero a Dios le interesa es aumentar nuestra fe por ello lo que pueda enfrentar no lo va a destruir sino que desarrollará su fe al punto en donde Dios necesita que este para cumplirle sus promesas.

Abraham tiene que dejarlo todo e irse a un lugar que no conoce, imagínese que Dios le ofrezca algo a usted a cambio de dejar todo lo que tiene y después no le da nada, eso le sucede a Abraham Dios le dice deja tu tierra y tu parentela, déjalo todo y luego lo deja sin nada, y pareciera que es en la nada en donde Dios puede trabajar con nuestras vidas por que en la nada es donde podemos ser fieles. Este hombre lo único que puede poseer en la tierra de Canaán es un sepulcro, que fue el lugar en donde posteriormente entierra a su esposa Sara, Dios lo que hace en cada una de las personas que cargan una visión de Dios y que portan una promesa de Dios es hacer morir en el desierto todas las mañas o malas costumbres que le impiden dirigirnos hacia el destino que él ya estableció en la eternidad. Un sepulcro fue su única herencia, es contradictorio Dios siempre te habla de algo y eso que Dios te dice provoca una transformación en su entorno, es cierto que después el pueblo de Israel entro en la promesa que Dios le hace a Abraham y le da la descendencia pero Abraham el de la promesa no disfruto la tierra, quizás muchos de ustedes a la fecha están viviendo en carne propia esa experiencia Dios le ha dado muchas promesas y les ha ordenado dejarlo todo, dejar su pecado, sus conductas, sus costumbres, pero también ha perdido su status, sus finanzas han menguado, su salud no esta como antes, quizás usted se encuentre en este tipo de desierto cuando pareciera que ese Dios que les dice en su palabra que tiene muchas cosas buenas para usted se escondiera, pues permítame decirle que Dios tiene algo poderoso y aunque no tengas nada sino solo un sepulcro como Abraham eso es más que suficiente, por que en los sepulcros es donde Dios hace resucitar lo que está muerto, allí es donde Dios entierra las semillas para que den su fruto, en los sepulcros es donde resucitan los hijos de Dios a una vida diferente, con un hablar diferente y mansos para ser guiados a las alturas. Abraham camino 25 años con la promesa, creyó esperanza contra esperanza y en ese caminar por querer ayudar a Dios se adelanta y le hace caso a su esposa de tomar por mujer a su sierva, ya que, la edad de Sara naturalmente no le permitía concebir un hijo. Algo que debe saber es que las promesas de Dios a tu vida naturalmente son imposible concebirlas pero para Dios todo es posible. Apesar del error Dios mas adelante le cumple y le da descendencia de Sara, nace Isaac, y después del muchacho estar ya en una edad ya avanzada aproximadamente unos 13 años, Dios le habla nuevamente a Abraham y le dice anda al lugar que yo te señalo y sacrifícame a tu hijo el que amas,

Abraham tenia dos pero Dios le dice al que amas, se refería a Isaac el que ama, Dios quiere que sacrifiquemos cosas que nos cuesten, lo que amamos es lo que Dios pide en sacrificio, lo que ocupa el lugar que debe ocupar Él, Isaac quizás ocupaba el lugar que ocupaba Dios cuando él no estaba. Muchas veces hay cosas en nuestras vidas que sin darnos cuenta quitan a Dios del lugar que ocupaba antes de que estuvieran esas cosas, como el trabajo, las relaciones amorosas, los hijos, los bienes, no es que sean malo y usted va a matar esas cosas el error no está en la existencia sino en la posición que ocupan en tu vida. Y fíjense algo interesante que aprendí de un predicador y quiero señalarlo a continuación que por segunda vez, Dios manda a otro lugar sin explicarle a donde, Abraham obedece nuevamente sin entender y se lleva a dos hombres siervos y a un asno y cuando llega al pie del monte amarra su asno y deja los siervos en el pie del monte, y he aquí la enseñanza el problema de muchas personas es que quieren ir rumbo a las alturas que Dios les ha hablado pero quieren ir acompañado de personas y de un asno que no están preparados para subir al monte y llegar al lugar que Dios les ha hablado, están rodeados de personas que le tienen miedo a las alturas y por años los ha estado deteniendo para que usted no suba, es momento de que usted deje los sentimiento y comience a amarrar ese asno, el pecado, la debilidad, el temor y deje en el pie del monte eso que le dice que no puede, que no sueñe, que no triunfe, que no estudie, dispóngase a emprender el camino al lugar que Dios ya le habló. Pueda que en el camino se caiga por las piedras pero no tenga miedo a caerse y ensuciarse por que a sus Ángeles enviará por usted, aunque no entienda lo que Dios le esta ordenando la actitud que debe reflejar ante Él es llegar hasta el final de la orden, ese es un hijo fiel, Abraham vivió prácticamente la escena del calvario, lo que años mas tardes iba a vivir Dios y su hijo Jesús rumbo a la cruz del calvario, Abraham iba a sacrificar a su hijo pero Dios tenía preparada la provisión, algo que debe saber es que la obediencia te remonta en las alturas, cuando obedeces a Dios Él nunca te deja sin provisión. Nunca olvidare un milagro creativo que me hizo el señor, a pocos días de estar convertido Dios me lleva al primer monte a sacrificar lo que no me permitía ofrendar y diezmar, una noche en el culto cuando mi pastor hizo el llamado para recoger las ofrendas, yo tenia por costumbre que en ese momento que pasaba el alfolí por en frente de mi, me daba por adorar y cerraba los ojos de manera que pasara y después yo abría los ojos, todo con el fin de ahorrarme la ofrenda, esta escena se repitió por muchos cultos, un día al igual que los otros, el pastor da la voz a los ungieres para recoger la ofrenda y yo comencé a hacer mi culto y escuche la voz audible del Señor que me dijo, "Echa todo lo que tienes" yo hice como si no fuera conmigo y la segunda vez la voz del Señor fue más fuerte, yo me dije a mi mismo, "si es conmigo". Tomé todo lo que tenía en los bolsillos y lo eché al alfolí, pude ver como se iba lo único que tenia lentamente, pero algo dentro de mí me hacia sentir satisfecho por que no entendía lo que estaba pasando por que tenia que llegar a mi casa ahora a pie pero obedecí la voz de Dios. Cuando iba camino a casa me detuve a descansar y me lleve las manos a los bolsillos y comencé a sentir en los mismos un montón de papeles arrugados y enrollados, al punto de que pensé de que eran desperdicios en mi bolsillos, cuando comencé a sacar aquellos papeles de mis bolsillos eran billetes, un milagro creativo del señor estaba ocurriendo, Dios por primera vez me estaba enseñando a que cuando obedecías sin entender lo que Él te envía a hacer, la provisión llegaría.

Abraham obedeciendo tomo leña del holocausto, y la puso sobre Isaac y tomó en su mano el fuego y el cuchillo, imagine aquella escena, Isaac preguntándole a Abraham, padre mío yo veo el fuego y la leña pero no veo el cordero para el holocausto, Abraham sin respuesta su mano y tomó el cuchillo para degollar a su hijo, hay momento en donde ya no encontramos respuestas ni salidas, ocasiones en donde pareciera que Dios se retraso, pero una de las características del Dios nuestro es que no se adelanta ni se atrasa, Él llega en el momento preciso a salvar aquellos que obedecen su palabra, dice que el Ángel de Jehová le dio voces desde el cielo, y le dijo: Abraham. Y él respondió: Heme aquí, no extiendas tu mano sobre el muchacho, ni le hagas nada; porque ya conozco que temes a Dios, por cuanto no me rehusaste tu hijo, tu único, entonces alzó Abraham sus ojos y miró, y he aquí a sus espaldas estaba un carnero trabado en un zarzal por sus cuernos; y fue Abraham y tomó el carnero, y lo ofreció en holocausto en lugar de su hijo, la obediencia cambia decisiones de Dios.

Capitulo IV

MENTALIDAD DE GANADOR

La mentalidad es una manera de pensar, la mentalidad difiere en cada persona, es una característica única de cada ser que ejerce influencia directa en el comportamiento de las personas, esto implica que la manera en como usted se conduzca en la vida, la manera como yo reacciono ante los eventos o situaciones que se presenten en mi vida dependen de la mentalidad, es decir, de la manera de pensar, internalice bien lo que acaba de leer por que es una clave muy importante para usted poder conquistar en la dimensión de Dios, dependiendo de la mentalidad que usted tenga, dependerá el resultado final, ejemplo en un juego de Baseball hay dos equipos, pero el resultado final del juego será un equipo ganador y uno perdedor, tanto el ganador como el perdedor están equipados de las mismas herramientas, jugadores buenos y talentosos, tienen bates, cascos, guantes pero la diferencia la hace la mentalidad, el equipo perdedor tuvo una mentalidad de derrota, de seguro el pensamiento de los jugadores de equipo perdedor fue negativa, y cuando eso ocurre es difícil encontrar la senda ganadora, todo sale mal, vienen los errores y la culpabilidad, el bateo falla, pero el equipo ganador sus jugadores de seguro mantuvieron una mentalidad de triunfo, un pensamiento positivo de las cosas, cuando esto ocurre, las cosas comienzan a salir bien, las fuerzas llegan, los batazos oportunos llegan; lo que quiero decir es que el triunfo, el éxito, la conquista dependen de la mentalidad que tengamos, una mentalidad de perdedor te cierra las salidas al éxito, te mete en el error y sin encontrar salidas. Cuando nuestro pensamiento es negativo nos culpamos a nosotros mismos y esto hace que no puedas ver los talentos y virtudes de la cual Dios te doto, pero a diferencia de esto cuando tu mentalidad se mantiene de una manera positiva, pensando en el triunfo, tu mente se conecta a la de Dios, Dios es un ganador por excelencia, nunca pierde, la mentalidad de ganador te hace ver la semejanza que tienes con Dios, te permite ver el talento y la virtud con la que estas diseñado, dice la escritura que Dios nos hizo a su imagen y semejanza, quiere decir esto que tenemos un parecido muy cercano al Dios todo poderoso, tenemos el poder de ganar, nuestra mentalidad debe estar en el nivel de Dios, todo lo que tu deseas lo llevas por dentro, tu mentalidad es la que puede sacarlo, en el Huerto del Edén Dios vio que no era bueno que el hombre estuviera solo y dice que saco lo que el hombre necesitaba para no estar solo del interior de Adán, dentro de si usted tienes lo que necesitas para conquistar y conectarse a las alturas el lugar donde Dios habita. Una de las razones por la cual tu mentalidad debe ser siempre la de un ganador es por que en ese nivel puedes ver que dentro de ti hay una intención de Dios, es decir hay un propósito, para descubrirlo tus pensamientos deben estar listos para entenderlo, Dios tiene propósitos con todos nosotros, difieren en todos, cumplirlos es trabajo de cada uno de nosotros, el resultado final para Dios será el mismo;

Isaías 52:13 He aquí que mi siervo será prosperado, será engrandecido y exaltado, y será puesto muy en alto.

___Cambiando de mentalidad, cambia el resultado final en mi vida___
___"si te consideras ganador tus pensamientos deben afectar tu vida".___

Quisiera hacerle una pregunta, ¿se considera usted un ganador o un perdedor? Aunque no es una pregunta capciosa, puedo imaginar su respuesta, de seguro fue "ganador" todos queremos ser ganadores aunque sepamos que en algún momento nos tocara perder. A todo nos gusta ser ganadores, pero lo que realmente responde a esa pregunta es el grado de efectividad que has logrado en cada una de las áreas de tu vida, es decir, los logros, el resultado final, es lo que dice en que equipo estamos jugando, no puedes decir que eres un ganador y seguir caminando como perdedor, si hablas de ganar tus pensamientos deben afectar tu manera de conducirte, ¿que es un ganador? Un ganador es un perdedor que cambio su mentalidad y ya no quiere perder, lo que quiero decirle que para cambiar la mentalidad debe haber una intención, es intencional, cada persona tiene la capacidad de cambiar su mentalidad, hay personas que he escuchado que dicen "es que yo se perder", es difícil concebir que alguien pueda aprender a perder por que no es para lo que fue diseñado, para lo que si fuiste diseñado fue para revertir las derrotas y convertirlas en triunfos, no es lo mismo saber perder que revertir derrotas, por eso es intencional lograr una mentalidad ganadora. A nadie le gusta perder, a ninguno de nosotros le agrada tener momentos de derrotas en su vida, dificultades, momentos de crisis, pero la realidad es que van a llegar, como enfrentarlos será el trabajo fuerte de nosotros, si la mentalidad es una forma de pensar que incide en nuestro comportamiento, entonces lo importante no es cuantos problemas, dificultades o derrotas podamos tener lo importante es como enfrentar cualquiera de esas situaciones, cuando tu mentalidad es positiva, cuando tus pensamientos se alinean al triunfo, la manera de enfrentar las dificultades cambian. Para Dios es de suma importancia nuestra mentalidad, Dios reveló en el génesis su intención en cuanto a nuestra manera de pensar, el dejó claro que su intención es que tengamos una mentalidad de dominio, de multiplicación;

Aunque esta porción de la palabra no habla de dificultades sabemos que pueden venir dificultades o problemas, pero lo que Dios quiere es que nuestra mentalidad sea en medio de ellos, una Mentalidad de dominio y multiplicación, no es que los problemas tenemos que esperarlos para darnos cuenta de eso, sino debes saber que si llega algo adverso debes entender que ese dilema esta contribuyendo en alguna área de tu vida para que puedas multiplicarte y ejercer dominio sobre dicha multiplicación. Fíjese que Dios nos envía primero a fructificar y multiplicarnos antes de ejercer señorío, fructificar y multiplicar quieren decir producir, señoread es ejercer dominio, esto implica que no puedes ejercer dominio si no eres productivo, y para ser productivo debes tener una mentalidad adecuada para saber que puedes estar atravesando por un dilema pero la intención de Dios es que seas productivo en medio de esa situación. No sólo tener hijos fue lo que mando a hacer el Señor, sino a llenar la tierra de éxito, de excelencia, de efectividad;

Isaías 52:13 He aquí que mi siervo será prosperado, será engrandecido y exaltado, y será puesto muy en alto.

Dios quiere verte próspero, en su palabra lo demuestra, en ella esta contenida la suficiente sabiduría para brindarte herramientas que te ayuden a ser efectivo, para hacer que nuestros sueños se hagan realidad, ser grande y habitar en las alturas, de esa manera podemos llenar la tierra, produciendo y multiplicando, Repita por favor esta frase "voy a producir, voy a multiplicar lo que produzco, llenare la tierra y desde hoy voy a ejercer dominio".

Nada detenga tu accionar

Durante el juego de baseball que señalé hace un rato como ejemplo pueden ocurrir eventos que nos puedan por un momento apagar la esperanza de ganar, imagínese que el juego este empatado en carreras, usted es el bateador hay dos out en la pizarra y el *umpire* decreta el tercer *strike*, eso a ninguno de ustedes se lo desearía, son momentos que bajan la expectativa de ganar, y más aún si estacionas tu potencial en ese *ining* pensando en el ¿por que?. Si eso ocurre no te das cuenta que viene otro *ining* donde puedes sacarla de *Home run*, viene otra oportunidad de enmendar ese episodio, entienda algo amado lector; Nuestra vida esta diseñada por episodios, hay episodios malos y episodios buenos, el orden de Dios para el hombre es que vivamos con los episodios buenos, no podemos anclar nuestras vidas en el episodio malo de ayer, cada día que pasa es una nueva oportunidad para producir algo bueno, lo que esto implica es que estamos en una constante preparación, toda preparación requiere de esfuerzo, de entrenamiento, si ayer falle en mi turno, tendrás mas oportunidades, no puedes aferrarte a lo que pasó, nadie ha podido hacer algo con su pasado, pero muchos han logrado marcar la eternidad por pensar en su futuro, lo grandes inventores aunque no sabían la magnitud total de sus inventos al momento de hacerlos en algún momento pensaron en el beneficio que iba a ofrecer su invento a sus descendientes, pero seguro en el camino fracasaron muchas veces y en lugar de anclarse en el fracaso se levantaron y pudieron lograr su sueño, tuvieron "Mentalidad de Ganador". Usted no puede calificar en su futuro, si siente que se encuentra anclado en alguna situación que haya ocurrido en su pasado, debe desprenderse, "lo que paso no importa, importa lo que vendrá", el tiempo que muchas de las personas pasan pensando en el error o el fracaso lo envejecen y la biblia dice que lo que se envejece tiende a desaparecer;

"Hebreos 8:13 Al decir: Nuevo pacto, ha dado por viejo al primero; y lo que se da por viejo y se envejece, está próximo a desaparecer".

No es lo mismo un empresario joven con su fuerza y pensamiento estable, que un anciano de 80 años, lo que el te va a entregar hoy no es lo mismo que por estar mirando el pasado lo recibas mañana, no es lo mismo, si usted quiere ser un empresario, sabe que tiene las herramientas, pero intentando montar su empresa fracaso, y entonces se quedo en el fracaso, déjeme decirle que después que la persona se estaciona en el fracaso a pensar en el por que? lo siguiente que le viene es el temor, ya no lo intenta por temor, y Dios queda esperando que usted salga a una segunda oportunidad, si no hechas mano de lo que Dios tiene para ti hoy, pueda que lo tome otro por ti, quita tu mirada del pasado, del error, cada día hay algo nuevo de Dios para ti;

"Isa 60:1 Levántate, resplandece; porque ha venido tu luz, y la gloria de Jehová ha nacido sobre ti".

Todos los días hay una gloria de Dios que nace sobre ti, pero para verla debes estar en pie, levántate dice el texto de la biblia, alguien que se levanta es por que estaba en un estado de reposo, sentado o acostado, normalmente una persona que se levanta esta dispuesta a ejercer un movimiento, en el Reino de Dios cuando alguien se mueve a una meta, a una visión, a un sueño, a montar su empresa, a adquirir su vivienda, su automóvil dice Jehová que su gloria nace sobre esa persona, cuando te levantas del letargo que tienes en el error, no te mueves solo ni sola el Dios del cielo trae algo nuevo cada día.

<u>***Venciendo la mentalidad conformista
llega la mentalidad ganadora***</u>

Todo el que gana en la vida lo hace por que nada lo detiene y si nada lo detiene es por que esta en constante movimiento, el movimiento en el ser humano vence el conformismo;

> *"Romanos 12:2 No os conforméis a este siglo, sino transformaos por la nueva renovación de vuestro entendimiento, para que comprobéis, cual sea la buena voluntad de Dios, agradable y perfecta".*

No "os conforméis", es sinónimo de romper los limites, avanzar más allá del promedio, ir al frente. Para romper los limites y no conformarte necesitamos renovar nuestro entendimiento, renovar no es saber más, renovar es cambiar, Si no cambias la mentalidad, no se renueva el ser, porque el ser es transformado a través de la mentalidad. El problema muchas veces está en la mentalidad de las personas, en la mente es donde habita nuestro entendimiento y en el entendimiento está la capacidad de tomar decisiones, este es el problema de muchos: la dificultad para decidir algo, la renovación de nuestra mentalidad, es cambiar nuestra manera de pensar, cuando cambias tus pensamientos descubres quién eres; tú no eres un fracaso, lo que sucede es que no has sido descubierto y tienes algo bueno en tu vida escondido. Y eso bueno es la Voluntad de Dios que ya está allí, depositada en tu vida, no tienes que esperarla, ya esta dentro de ti, debes aprovecharla, dice que para que comprobéis cual es la buena Voluntad de Dios agradable y perfecta, recuerdo una vez que conocí al baterista de una iglesia y me contó que tenia ofertas de irse a tocar a otros países pero le exigían que estudiara teoría y sorfeo, es decir, le pedían que perfeccionara aun mas su talento, de eso dependía su viaje, yo le pregunté ¿y por qué no lo estudias? Su respuesta fue que en su iglesia le dijeron que esperara el tiempo de Dios, el tiempo de Dios es hoy, no puede conformarse, debes siempre buscar mejorar tu condición, perfeccionar tu talento, desarrollar tu sueño, tu visión. Este muchacho no estudiaba teoría y sorfeo, no perfeccionaba su talento y más grave aún no podía alcanzar ser promovido a otro nivel y encaminarse hacia su sueño, por que pensaba que para ese fin hay que tener un tiempo determinado, a eso me refiero cuando su mentalidad no es ganadora lo negativo comienza a cobrar fuerzas y de esta manera comienzas a desconocer a Dios, pensamos que es un Dios que está esperando que hagas algo y luego darte un regaño, Dios tiene una voluntad buena y agradable. Cuando haces lo bueno, cuando buscas superarte, cuando busca desarrollar tu potencial, cuando no te conformas con lo que sabes y reconoces que necesitas aprender aún más, pero cuando vivimos con un pensamiento negativo comenzamos a desconocer a ese Dios que quiere un bien para nosotros. Hay quienes comienzan a ponerse límites por que ven la meta difícil de alcanzar y esos límites piensan que se los puso Dios y allí concluyen como el joven "esperar el tiempo de Dios" no hagas de tus límites la Voluntad de Dios, cuando la Biblia habla de la buena Voluntad de Dios, dice que es agradable y perfecta, En el griego original se dice que agradable y perfecta significa "sin corrupción, saludable, placentero, gozoso, feliz". Entonces, tu eres el responsable de vencer los límites que te impone el sistema. Cuando tu portas un sueño, una visión o un propósito de Dios eso empieza a descontrolar todo a tu alrededor, por que lo de Dios es distinto a lo que puedas escuchar y mirar en el sistema en donde esta, Dios tiene un componente divino que lo hace sobrenatural, Dios puede llegar a donde el hombre no llega y puede producir lo que el hombre no produce, a donde quiero llegar es a que lo único que necesitas para lograr triunfar es mantener una mentalidad ganadora.

Cuando tu mentalidad es ganadora todo el sistema a tu alrededor esta contribuyendo a tu desarrollo, tu entorno comienza a trabajar para tu destino, así que lo que puedas estar pasando ahora es temporal es tu tiempo de preparación, el triunfo tiene precio, pero el precio es lo de menos, a veces no tenemos mejores cosas porque que en realidad no tenemos ganas. El día que en realidad desees tu cupo en la universidad, vas a conseguirlo, el día en que realidad desees tu carro lo vas a conseguir, lo que pasa es que miramos mas el precio que tenemos que pagar que lo que queremos lograr, para obtener algo siempre tenemos que perder algo y Si no estás dispuesto a perder algo jamás podrás obtener lo que quieres, el apóstol Pablo por ejemplo siempre estuvo dispuesto a perder todo por ganar a Jesucristo.

Quizás usted se estará haciendo esta pregunta ¿ Y qué tengo que perder, para poseer lo que quiero?, la respuesta es sencilla, para convertirse en un poseedor de conquistas debes perder primordialmente la mentalidad perdedora y negativa que no permite que avances. No puedes recibir la tierra prometida si no estás dispuesto a dejar la tierra vieja en donde habitas. Para posicionarte de lo nuevo que tiene Dios para tu vida debes despojarte de cosas viejas. De allí el dicho que dice "nada será diferente hasta que hagas cosas diferentes", lo que usted haga hoy determinará lo que suceda mañana.

¿Pero ahora que ya perdí la mentalidad perdedora, ahora cuál es el siguiente paso?. En el momento que ya no piensas en perder, tu pensamiento da un giro de 180 grados, es seguro que desde ese momento adquieres la mentalidad ganadora, pero debes saber que todo ganador debe ser entrenado, para esa preparación Dios se vale de toda una gama de eventos en nuestras vidas que en su mayoría no entendemos pero en ellos Dios te esta entrenando para poseer algo y como es sabido por todos todo entrenamiento requiere de sacrificio, intimidad. Recuerdo en mi vida como beisbolista a mi me encantaba entrenar en las mañanas solo, me iba a un lugar solitario y allí comenzaba a entrenar, me hablaba a mi mismo, y allí descubría la manera como estaba pensando y por que estaba fallando, en ese momento hacia mis ajustes, mejoraba las áreas en donde estaba fallando, yo entrenaba tres veces por semana con el equipo pero cuando entrenaba solo sacaba más provecho, descubría con más efectividad el camino al éxito; y es bueno que sepa que una de las preparaciones que más le encanta a Dios, es cuando te apartas a solas con Él, cuando te separas de lo terrenal, cuando te aíslas, pero a muchos de nosotros no nos gusta estar aislado, mal interpretamos cuando llega una soledad a nuestras vidas enseguida concluimos que es un castigo de Dios, y resulta que es en la soledad en donde tu puedes encontrar la llave que abre la puerta que te conecta a tu destino profético, en la soledad es donde conoces a Dios, es el lugar donde Dios te dice cuales son las áreas en las que estas fallando para que hagas los ajustes necesarios y no sigas errando, ¿Qué hace que no soporte los momentos de preparación de Dios? Mantener una mentalidad de derrota, cuando nuestra mentalidad no esta adecuada al triunfo no nos gusta ser entrenados y mucho menos estar a solas con Dios, este ingrediente para el que no es triunfador no le gusta, pero cuando eres un ganador sabes que los mejores entrenamientos son los que se hacen a solas con el entrenador, ¿usted quiere ser efectivo? No ayude a Dios llenando sus vacíos y evitando entrenar a solas con Dios, no se distraiga enfóquese en cada oportunidad que Dios lo aísla para entrenarlo, hay jóvenes que cuando Dios le imparte un propósito y llega el momento del entrenamiento de estar solos con Él, tratan de ayudar a Dios y fuera del tiempo buscan un noviazgo, y resulta que para estas cosas si se necesita de un tiempo determinado por que no contribuyen al desarrollo de tu potencial que es a lo que Dios le interesa que sea desarrollado, a dios poco le interesa lo que usted pueda hacer por Él a Dios le interesa lo que pueda hacer con usted, Un joven en Cartagena Colombia quiero ser usado por Dios ¿Qué debo hacer? Yo le respondí déjate entrenar por Él.

La preparación de Dios te lleva a poseer la mentalidad de ganador, y pensar como ganador te despierta "despertar" es una palabra increíble, no se refiere a que estamos dormidos de sueño, despertar es recuperarse de una muerte, es salir de la oscuridad, salir del anonimato, de las ruinas, de la no existencia. El despertar significa estar consciente de algo, cuando no despiertas estás inconsciente de la plenitud y del plan de Dios para tu vida, hay muchos que son buenos cristianos, buenos hijos, pero no han despertado, lo que usted ha estado buscando toda tu vida lo has llevado todo el tiempo contigo, solo que te falta descubrirlo, debes tener claro que la Voluntad de Dios es que rebases los límites, para eso tienes el potencial necesario, Dios al momento de haberte escogido y haber puesto dentro de ti un sueño o una visión, no se detuvo a mirar tus errores Él miro dentro de ti el potencial que Él mismo deposito, y ese potencial es un éxito que aún no has usado pero que ahora con tu nueva mentalidad y con la ayuda de Dios vas a darle uso, ese potencial te da capacidad de romper los limites que te dicen que no se puede, el Salmo 60 dice que en Dios haremos proezas, proeza significa riquezas, poder, salud, y el Salmo 150 dice que Dios hará proezas aquí el termino proeza quiere decir, gigante, fuerte, poder, quiere decir que cuando usted hace una proeza, Dios va a hacer otra, Dios va a llegar contigo hasta donde tu quieras llegar, el no dará un paso mas si tu no lo das, Dios le habló a Noé, le dijo: "prepárame un arca". Noé hizo la proeza de hacer el arca, pero Dios hizo la proeza de mandar el diluvio. Lo que quiero que entienda es que le toca a usted comenzar a cambiar el rumbo de sus pensamientos, uste es un ganador, no se conforme vaya aun mas lejos del lugar donde se encuentra; El conformarnos muchas veces a lo que estamos viviendo, atrasa las bendiciones de Dios en nuestras vidas, un ejemplo el pueblo de Israel empezó a caminar en el desierto, Dios les dio el maná, sustento para un solo día, pero el conformismo del pueblo lo estacionaba en la murmuración y en la desconocimiento de lo que Dios tenia para ellos en el momento, Dios quería que llegaran a la tierra prometida al siguiente día, de no ser así, el Señor les hubiera dado comida para muchos días, quienes no llegaron fueron ellos porque su visión estaba limitada por su mentalidad de derrota, la meta no era el maná, eso sólo era el sustento temporal para llegar a la meta, no podemos conformarnos con la circunstancia que estamos pasando, con lo temporal, debemos mirar a donde vamos a llegar, la meta, la mirada del pueblo estaba en lo que le faltaba la comida, por eso pensaron que ese era el problema, pero el problema era como estaban pensando, no pongas tu mirada en lo que falta, usa lo que tienes y cambia la mentalidad, hay personas que dicen que ya no tienen fuerzas por que no tienen dinero, o no emprenden una carrera universitaria por que no tienen trabajo, no montan su empresa por que no tienen el local, en fin, dices que no tienes nada, pero el problema no es lo que no tienes, sino lo que no sueltan, esa manera de pensar equivocada, debemos tomar la nada que decimos que tenemos y entrégaselo a Dios, el Señor es el único que multiplica por cero y no le da cero, repita varias veces "tengo la mentalidad de ganador".

La Palabra del Señor en *"Isa 40:29 El da esfuerzo al cansado, y multiplica las fuerzas al que no tiene ningunas. Isa 40:30 Los muchachos se fatigan y se cansan, los jóvenes flaquean y caen; Isa 40:31 pero los que esperan a Jehová tendrán nuevas fuerzas; levantarán alas como las águilas; correrán, y no se cansarán; caminarán, y no se fatigarán"*.

La Palabra dice que Dios te da esfuerzo, no fuerzas. Cuando estás cansado, Dios te dice: "Levántate y esfuérzate". Sólo el esfuerzo que tu hagas es lo que te da más fuerzas, es como cuando tu vas corriendo, sientes que las piernas no te dan, pero tu dices yo puedo, y te viene un segundo aire, cuando Josué iba a entrar en la tierra prometida Dios le dijo: "esfuérzate y sé valiente", la Palabra nos dice que los jóvenes se fatigan y se cansan, flaquean y caen, pero los que esperan en Jehová tendrán nuevas fuerzas.

La incertidumbre se lleva las fuerzas, pero más que la incertidumbre, es la mentalidad, la forma como enfrentas la incertidumbre. Muchas personas están mal, porque así está su mentalidad y esta afecta su ánimo, tu mentalidad puede afectar para bien tus fuerzas, si piensas con mentalidad de derrota tus fuerzas menguan pero si tu pensamiento es el de un ganador que dice no importa lo que pueda pasar yo seguiré sin cansarme por que Dios esta conmigo para lograr concluir mis sueño tus fuerzas serán como las del Águila. La mentalidad tiene poder y el peor problema es que muchas personas usan ese poder en una forma negativa, todos sin excepción tenemos una mentalidad, por que todos tenemos la capacidad de pensar, es un poder único entregado solo a la raza humana, la diferencia es unos tenemos mentalidad de perdedor y otros de ganador, es decisión de cada quien la manera de usar su mentalidad, allí no se mete Dios, recuerden el ejemplo en el baseball cuando toca el turno al bate, último *ining*, bases llenas 2 *out*, casi nadie quiere ese turno, el grado de incertidumbre es alto, Pero ¿cuál es la diferencia entre una mentalidad de derrota y una mentalidad de ganador? Los que tienen mentalidad de perdedor ven ese turno como un problema, pero los que tienen la mentalidad ganadora ven el turno como una gran oportunidad, los perdedores dicen: "por que me toco a mi este turno, si fallo, si no puedo dar el *hit* que necesitamos", mientras que el ganador dice: "Me llegó el turno y esta es mi oportunidad, la sacare de *home run*, ganaremos el juego y lo más seguro es que me van a felicitar, me van a promover, todo el que tienen mentalidad de ganador habitúa su mente en la promoción, se exige y trabaja para ello, ¿Cuál de los dos tipos de persona eres? ¿Eres de los que salen adelante y ven la oportunidad, o eres de los que ven el problema? Si eres de las personas que ven el problema, cambia tu mentalidad.

"Isaías 40:31 pero los que esperan a Jehová tendrán nuevas fuerzas; levantarán alas como las águilas; correrán, y no se cansarán; caminarán, y no se fatigarán".

En este pasaje, la palabra dice que levantarán las alas como las águilas, y van a correr sin cansarse, y a caminar sin fatigarse, note algo interesante cuando un águila alza las alas, es para volar, pero para poder hacerlo debe primero aprender a caminar y después correr, los que no se cansan corriendo y caminando en esta vida son aquellas personas que tienen la mentalidad de poder creer que pueden volar. Cuando una persona se siente cansado y fatigado seguramente su mentalidad no le permite pensar en que puede remontar vuelo, sólo piensa en caminar y correr, por eso se cansa y se fatiga. Una gran realidad en nuestra vida que aprendí y quiero compartirla con usted es: "que si quieres ver gente caminando y corriendo sin que se fatiguen y se cansen, enséñales y diles que pueden volar", eso tiene que ver con cambio de mentalidad y es mi objetivo en este libro, que puedas alcanzar el nivel en donde tu mente se mantenga pensando que las alturas es tu destino, que puedes volar, caminar será lo de menos, volar es lo más importante por que es el deseo de Dios. Cuando Él te ve angustiado Él esta tranquilo por que sabe que tu puedes volar por encima de la angustia. ¿Crees que cuando estás desesperado, caminando de un lado a otro, Jesús está igual? No, Mientras que tú estás desesperado, Dios está sentado en un sofá diciéndote: "Tranquilo". Crees que cuando tú estás viendo la billetera y la escasez y te deprimes, ¿Dios hace lo mismo? No, Dios te dice: "Qué te pasa, acaso no estoy yo aquí". A veces Dios no se siente pero lo sientas o no Él está allí a tu lado tratando de que camines y corras sin fatigarte con el objetivo de volar, cuando Jesús fue a orar al monte Getsemaní, estaba muy triste. Pero después se levanta para ser entregado y no huye, aquí aprendí algo interesante, en la Biblia se describe lo que Él oró, pero no lo que el Padre le dijo a Él, me imagino que Dios le hizo recordar la capacidad que tenia de volar, no pensando en cuanto podía caminar o correr, de seguro le hizo saber que no debía pensar en la muerte, sino en la resurrección, cuando Jesús empezó a ver la muerte, empezó a pensar en el trago amargo que iba a pasar, eso cansa, fatiga, pero cuando empezó a pensar en la resurrección, comenzó a ver la altura que podía lograr y así lo que iba a ganar.

Mat. 26:42 Otra vez fue, y oró por segunda vez, diciendo: Padre mío, si no puede pasar de mí esta copa sin que yo la beba, hágase tu voluntad. Mat. 26:43 Vino otra vez y los halló durmiendo, porque los ojos de ellos estaban cargados

El Señor estaba allí, estaba en el ring peleando su batalla de fe. Se sentía angustiado sentía que podía perder, imagine la escena, Jesús como aquel boxeador que va a su esquina y le dice al entrenador: "Tira la toalla, ya no aguanto". Y el entrenador Dios le dice: "No, yo te conozco y sé que puedes triunfar", quizás muchas veces usted se ha sentido sin fuerzas pero el señor esta allí en su esquina animándolo por que sabe que usted puede, no se rinda, no tires la toalla, yo imagino que el Padre tomó la toalla y le dijo: "La toalla la tengo yo, no tú, sal de nuevo". Al llegar al último Raung, Jesús salió con fuerza y le propinó una gran derrota a Satanás, entienda algo, si el Señor Jesús hubiera logrado que el Padre tirara la toalla, ninguno de nosotros estuviéramos aquí gozando de la paz que tenemos ni pensado en el cielo que nos espera. No se rinda Le espera una altura muy grande si usted conecta su mentalidad con el triunfo. Un ganador jamás aunque este perdiendo tirará la toalla, todo el éxito que las personas pueden alcanzar, dependen de las decisiones que tomen y también de las que no toman, debes tener la certeza que en el Señor eres más que victorioso, y aunque pases por valles de sombra y de muerte no vas a temer mal alguno. Aunque llores, no tires la toalla, ve a pelar la batalla.

Capitulo V

AUNQUE TU VISIÓN TARDARE DE CIERTO LLEGARA

Hab 2:2 Y Jehová me respondió, y dijo: Escribe la visión, y declárala en tablas, para que corra el que leyere en ella. Hab 2:3 Aunque la visión tardará aún por un tiempo, mas se apresura hacia el fin, y no mentirá; aunque tardare, espéralo, porque sin duda vendrá, no tardará. Hab 2:4 He aquí que aquel cuya alma no es recta, se enorgullece; mas el justo por su fe vivirá.

Todo conquistador de alturas sabe esperar las oportunidades para escalar la montaña mas alta, quisiera desglosar este texto del libro del profeta Habacuc en un tiempo de su vida, este hombre se encontró con un dilema en su corazón, el profeta comienza a hacerle una serie de preguntas a Dios que me llevan a pensar de que estaba reclamando a Dios una respuesta a sus peticiones, el problema del profeta no era que dudaba del poder de Dios para responderle, sino, su problema era el tiempo que tenia esperando la respuesta, muchas veces el problema de nuestra vida es que aun no hay respuesta de Dios para lo que estamos clamando, y hay momentos en los que Dios se mantiene en silencio y es con el fin de desarrollar en nosotros la capacidad de esperar, el profeta le dice a Dios: ¿Hasta cuándo, oh Jehová, clamaré, y no oirás; y daré voces a ti a causa de la violencia, y no salvarás? ¿Por qué me haces ver iniquidad, y haces que vea molestia? Destrucción y violencia están delante de mí, y pleito y contienda se levantan, Habacuc, tenia visión, sueños, metas, pero habían cosas alrededor de su vida que estaban impidiendo su avanzar, por que su mirada estaba en lo que estaba viviendo a su alrededor y no en lo que estaba por recibir, Dios no le respondía, pero lo que el profeta no sabia era que Dios se estaba valiendo de todas esas cosas para promoverlo hacia el lugar que ya Él había establecido, una de las evidencias que tu serás promovido a otro nivel por Dios es que tienes un sueño, una visión, una promesa dada por Dios y te encuentras en una zona que dice todo lo contrario, ¿pero que busca Dios con esto?, Dios quiere probar tu fidelidad por medio del tiempo de espera que requiere tu promesa cuando Dios le responde al profeta le dice: *Escribe la visión, y declárala en tablas, para que corra el que leyere enella. Aunque la visión tardará aún por un tiempo, mas se apresura hacia el fin, y no mentirá; aunque tardare, espéralo, porque sin duda vendrá, no tardará. He aquí que aquel cuya alma no es recta, se enorgullece; mas el justo por su fe vivirá.*

Escribe la visión, lo que estas esperando, tu sueño, tu meta, tu promesa, el motivo de escribirla es para no olvidarla, para que cada vez que te sientas sin fuerzas puedas ver el motivo por la cual estas vivo, continua diciendo Dios, aunque tardare de cierto llegará, Espéralo, Dios le habla de un tiempo de espera, algo que hay que tener claro es que todo lo que tiene importancia en nuestra vida tiene un valor que hay que pagar para obtenerlo y el precio mas duro de pagar es la espera, para llegar a las alturas hay que saber esperar, ¿Qué hace Dios en ese espacio de tiempo? Dios comienza a perfeccionar tu carácter de fe, Dios hizo al hombre para que habitara en un espacio de tiempo, el hombre tiene un principio y tiene un fin, el desarrollo del tiempo del hombre Dios lo puso dentro de algo que se llama eternidad, este es un lugar que no se ve y allí es en donde habita Dios y allí es en donde Dios estableció para cada persona un destino, un propósito, una visión, la única forma en que podemos accesar a esa eternidad y conectarse con lo que Dios tiene para nosotros es a través de la fe, por esta razón Dios se interesa en formar este carácter en el hombre mediante el periodo de espera, el Señor continua diciéndole al profeta: el que no es recto se enorgullece y no espera, busca las cosas en sus fuerzas, pero el justo por la fe vivirá, ¿quien es justo? Todo el que anda en rectitud, todo el que sabe que el tiempo de espera no es un castigo sino una preparación para el nuevo nivel que va a alcanzar, Dios estaba enseñando a Habacuc que necesitaba aprender a vivir por la fe, no por lo que estaba viendo, ni por su trabajo, ni su intelecto, sino por la certeza de lo que esperaba y la convicción de lo que no veía, la fe es la certeza de que usted va a alcanzar las alturas que Dios ya estableció para usted en la eternidad y es estar convencido de eso, de esa certeza y esa convicción usted puede vivir siendo exitoso en medio de los dilemas que se presenten en la vida, Dios le dice al profeta, en todos esos eventos que has estado viviendo yo he permanecido a tu lado y te he librado, no importa si no te he hablado, pero lo que importa es que te he librado y ahora quiero que comiences a caminar por fe, quiero formar un carácter en ti para que puedas esperar en medio de tu dilema el cumplimiento de mis promesas de una manera fiel, Dios quiere llevarlo a usted al nivel de ser fiel durante el tiempo en que llega el cumplimiento de su visión, y la fe es la principal herramienta, escriba lo que quiere, y ponga su fe en eso que escribió por que de cierto llegara, esta es otra cualidad de un conquistador de alturas y es este el nivel que Dios quiere llevarnos. Cuando usted dice que tiene fe, Dios le pregunta muéstrame lo que escribiste, que estas creyendo y esperando, eso es lo que te hace vivir lo que esperas no lo que tienes ahora. Después que Habacuc se dio cuenta de que lo temporal no era lo importante sino lo por venir y vio la grandeza del Dios al que el le estaba reclamando una respuesta, no le quedo más remedio que decir:

Habacu 3:17 Aunque la higuera no florezca, Ni en las vides haya frutos, aunque falte el producto del olivo, Y los labrados no den mantenimiento, Y las ovejas sean quitadas de la majada, Y no haya vacas en los corrales;
Habacu 3:18 Con todo, yo me alegraré en Jehová, Y me gozaré en el Dios de mi salvación.

En medio de lo que puedas estar atravesando, todo ganador sabe que en cualquier momento aparece el poder divino de nuestro Dios para librarnos y sacarnos de la zona en donde estamos y colocarnos en el podio de ganadores, con todo alégrate y gózate en Dios, el tiempo del cumplimiento de tu victoria dependerá de la actitud que mantengas durante la espera, Dios trabaja con el tiempo de cada uno de nosotros pero hay que tener claro que el tiempo de la vida de cada uno de nosotros no terminara hasta que no aparezca el tiempo que Dios ha señalado para cada uno de nosotros, en ese tiempo señalado es e donde Dios te impulsa para que alcances la altura para la cual fuiste diseñado, en el tiempo señalado hay perfección, restauración, sanidad, provisión, cambio de nivel, en el tiempo señalado tu adoración será mas fuerte, tu agradecimiento será mas grande, tu servicio a Dios será mas sólido, Dios le hablo de esto a Abraham en;

"Génesis 18:14 ¿Hay para Dios alguna cosa difícil? Al tiempo señalado volveré a ti, y según el tiempo de la vida, Sara tendrá unhijo.

Dios le habla a Abraham de dos tiempos el tiempo de la vida y el tiempo señalado, dos etapas dos tiempos, el tiempo señalado de Dios interrumpe el ciclo de nuestras vidas para producir lo que Dios ya ha establecido, Dios tiene en su calendario un tiempo señalado para producir cosas en el tiempo de la vida de cada persona, esto implica que su futuro esta garantizado por algo que ya Dios planeo en la eternidad, no hay nada que pueda detener lo de Dios en usted, por eso al igual que Habacuc usted debe permanecer sobre su guarda velando y sobre la fortaleza de su mentalidad de ganador afirmando su pie, para ver lo que Dios le responderá acerca de su victoria.

Este libro un instrumento de motivación que le impulsara a descubrir el potencial con que Dios le ha diseñado y la visión de la cual la eternidad lo ha marcado; En lo personal he descubierto que Dios tiene la intención de promovernos siempre a otra dimensión y para ello se vale de una serie de estrategias que se transforman en eventos en la vida de las personas y en cada uno de ellos están contenidas las herramientas necesarias para construir el camino que nos conducirán a una vida de éxitos y a la dimensión a la que estamos destinados, pero la pregunta que nos hacemos todos es: **¿Como puedo visualizar las herramientas?** En este Libro podrás descubrirlo.

"El saber quien eres determinará a donde vas a llegar, al enemigo le preocupa que tu sepas quien eres" Conocer tu Identidad te dará el Poder de Conquistar las Alturas.

"La intimidad con Dios te une a su Voluntad y Propósito y esto te da autoridad; descubres tesoros escondidos y destruyes tu pasado, en la intimidad conectas lo profético con tu vida."

"Dios te habla el principio, te habla el final pero no te dice lo que vas a atravesar. Nuestro dilema es obedecer lo que Dios dijo; La obediencia te remonta a las alturas."

"No te conformes con tu presente para que puedas calificar en tu futuro".

El Pastor Effershon Pérez, Presidente de la Fundación Conquistando las Alturas, Conferencista con un fuerte llamado a establecer los principios del Reino de Dios para Conquistar, Pastor Principal del Centro Cristiano Imperial Guarenas Guatire, Venezuela.

ISBN: 978-980-12-3719-8

9 789801 237198